不善言辞，也能成为社交达人

「話すのが苦手、でも人に好かれたい」と思ったら読む本

[日] 权藤优希 著
郭一胜 邴 徽 译

中国友谊出版公司

图书在版编目（CIP）数据

不善言辞，也能成为社交达人 / (日) 权藤优希著；邴胜，郭一徽译 . —— 北京：中国友谊出版公司，2022.1
ISBN 978-7-5057-5357-0

Ⅰ . ①不… Ⅱ . ①权… ②邴… ③郭… Ⅲ . ①人际关系－通俗读物 Ⅳ . ① C912.11-49

中国版本图书馆 CIP 数据核字 (2021) 第 214605 号

著作权合同登记号 图字：01-2021-5100
"HANASU NO GA NIGATE,DEMO HITO NI SUKARETAI"
TO OMOTTARA YOMU HON

First original Japanese edition published by Kizuna Publishing.
Simplified Chinese translation rights arranged with PHP Institute,Inc.
through Bardon Chinese Creative Agency Limited

书名	不善言辞，也能成为社交达人
作者	[日] 权藤优希
译者	邴胜　郭一徽
出版	中国友谊出版公司
发行	中国友谊出版公司
经销	新华书店
印刷	河北鹏润印刷有限公司
规格	787 × 1092 毫米　32 开
	6.5 印张　77 千字
版次	2022 年 1 月第 1 版
印次	2022 年 1 月第 1 次印刷
书号	ISBN 978-7-5057-5357-0
定价	45.00 元
地址	北京市朝阳区西坝河南里 17 号楼
邮编	100028
电话	（010）64678009

“你好！初次见面，我叫××。”

“啊，你好！”

“……”

“天气真不错呀！”

“是呀！”

“……”

"……"

你是不是不太擅长和人交往?

迄今为止，在走访客户的过程中，我有过与6万人打交道的经历。在营销界，我曾经业绩排名第二，这个经历让我得出下面的结论：

“不善交流，害怕冷场，不停地讲话”——这样的人容易被人际关系问题困扰。

更不可思议的是，这些人中的大多数还苦于工作业绩难以提升。

要建立良好的人际关系，最重要的并不是“会话的技巧”。

有一种方法，即便你不善言辞，不擅长与人交往，也可以和对方建立信任的关系。**要点就是：**

“不强迫自己说多余的话。”

怎么样？有没有引起你的注意呢？

如果你有那么一点点兴趣的话，请试着再往下读读看。

解决人际关系烦恼的 24 个诀窍

❶ 有理想→无法称心如意→烦恼·失落·愤怒→放弃，请脱离这个怪圈

❷ 遭遇不测，也不要悲观

❸ 忽略你无法改变的

❹ 将脑海里所想的事情写出来，培养框架思维

❺ 少说、多听、多问

❻ 与其说一些不懂的词语，倒不如不说

❼ 试试“正向提问法”

❽ 做好“企划”，意识到可以“影响对方”之前，先保持沉默

❾ 最后再发表你的想法

❿ 抛弃华丽辞藻，用数字来说话

⓫ 如果发生了一些糟糕的事，尝试用积极的话语来回应

⓬ 首先学会道歉

⓭ 不自傲，不否定，不要高高在上

⓮ 去展示自己，获取对方的反馈

⓯ 将“谢谢”常挂嘴边，做一个重情重义的人

⓰ 告诉自己“困境就是机遇”，激活“应对烦恼的肌纤维”

序言

其实，不善言辞也没关系

你是否有过不能如愿以偿的事？

“我的上司，不理解我、不体谅我。”

“我喜欢他，可他迟迟不给我回应。”

“为什么我没能生在一个富裕的家庭里？”

“为什么我生来就是这样一张脸？”

“若是我能长得再高一点就好了。”

再仔细想想，一定会想到更多类似的烦恼吧。

反过来，我们有太多美好的理想，抑或说是愿望、欲望：

“上司对我应该再温柔点！”

“他要是能察觉到我喜欢他，并爱上我就好了！”

“如果每天有 10 万日元能让我随便花就好了！”

“我要是能长得像那个叫 ×× 的明星一样就好了！”

“我想长到 1 米 80！”

如此这般所谓的“理想、愿望、欲望”禁锢着我们，所以才会感觉自己事事不如意。

让我们从更大的视角来考虑一下吧。

日本人口大约有1.2亿人，世界人口大约有77亿人。

毋庸置疑，人的长相、身材、性格、想法都各不相同。世界上有77亿人，就会有77亿个“理想的世界”；也就是说，只满足你个人的理想世界、社会和组织是不可能存在的。

人只要还活着，就一直会有“不顺心”。其中有件事情特别令人困扰，那就是：

“人际关系所带来的烦恼。”

只要我们还活着就没法摆脱人际关系带来的烦恼，毕竟世界人口约有77亿之众！

也正是如此，如何更好地与这些烦恼打交道，可以说是我们生存下去的最重要课题。

虽然生活变得富足，但人们的幸福感却没有增加。究其根本，就是因为很多人不能正确处理人际关系。

那么，我们如何同人际关系所带来的烦恼共存？怎么做才能改善人际关系？我个人给出的答案，也是本书的主题，即：

“不勉强自己多说话。”

有人会想：“什么？这话是什么意思？”“那不行啊，这岂不是更有压力吗？”

相信很多人都会这么想。但我可以证明，少说话也可以让人际关系变得良好！

这样，不仅压力会减少，心情也会轻松很多。

事实上，交谈中“不讲话的时间”更长。

我就是以这种“少说话”的方式圆满地处理人际关系的。

现在，我运营的线上沙龙累计已有400多名学员，大家自发设立了很多项目，并快速推进。而且，我的公司同时运营着餐饮店、小卖部、出版、线上沙龙、商务集训、宣讲会等业务，个人觉得公司运营十分顺利。

在初识我的人中，很多人会想：“同时经营这么多家公司，权藤一定是个健谈达人。”但事实绝非如此。

其实我并不健谈，甚至不爱说话。

我平时对客户说得最多的话就是“长期以来承蒙关照，十分感谢！”“我有什么可以帮您？”之类的问候，之后就只是倾听，并连声称“是”。

但令人匪夷所思的是，整个团队协作却意外的高效，更加具有凝聚力了。

经常有人找我商量这样一个话题：“费了大力气去说服对方，对方却不理解，到最后只落个白费精力，疲惫不堪。”

其实这个想法本身就有问题，正因为讲得太多了，对方才不理解。

所谓“交往”，本来就不是由单方面说话的时间构成的，而是由“对方说——你问——双方沉默”的时间组成。“说”只是“交流”过程中小小的一部分而已。

在“交往”中，不说话（倾听、沉默）的时间更长。甚至可以说，“不说话”才是交流的关键所在。

另外，在交往过程中，更重要的是，你要知道“见到你之前，对方想了很多”。

所以，如果想到这一点，就应该静静聆听，不要打断对方。

当对方拼命在脑海里理清思路、归纳想法、组织语言，最后终于坚定了自己的决断，正想将想法表达出来的时候，你打断了他，这种做法并不可取，因为这样会剥夺对方成长的机会。

人并不在听对方讲话的时候做决断，而是在听完对方的观点，表达自己看法时做出决断。

举个例子来讲，在销售中，如果试图控制顾客，那顾客一定会解除合同，只有促使顾客做出决断，才能顺利签约。

处理人际关系时，“促使对方做出决断”，才是最优秀的交流手段。

切忌不要多说话

失败案例

单方面讲话

成功案例

倾听 + 发问 + 沉默

我想，你之前应该做出过许多决断，请仔细回想一下。比如“学习”这件事，不是周围人让我们去学，而是我们主动去学，这样我们才会坚持下去。交流也是如此。

比起我们想办法去说服对方，不如促使对方做出决断。

<u>不要考虑“你怎么说”，而要考虑“对方怎么想”。</u>

我在独立开公司之前，在 NEC（日本电气股份有限公司）做销售工作。当时我是一个不爱说话的人，不是那种靠着“会说话”抓住客人的类型。可是，靠着本书介绍的方法，我在进公司的第三年就获奖了。当然，独立创业后我也在用同样的方法。

我从事销售工作的时候，曾经仅用半年时间，便获得了业界第二的好成绩。那时候就是运用了本书介绍的方法。

所以，像我这样不善言辞的人都能创造佳绩，相信大家一定能行！本书将介绍这些妙招。

与对方说话节奏保持一致，可以改善人际关系。

如果对方说话节奏慢，我们也应该尽量将语速放缓。如果对方讲话比较快，我们也要加快语速。如果对方讲话声音不大，而我们却突然抬高声音去回应，仅这一点就足以让人失去好感。

变色龙在接近猎物时，为了不被察觉，会变成与周围环境一样的颜色。相反，遇到天敌时它也会为了隐蔽自己而改变身体的颜色。为了保住性命，它可以变化成任何颜色。

交往过程中，不要自己单方面不停地讲话，应该像变色龙一样，根据对方情况不断变化自己的说话方式，重要的是让对方感到和谐、舒适。

也就是说，我们不需要想办法考虑怎么把话讲下去，也不需要去花心思练习说话技巧，也可以处理好人际关系。

接下来，本书将向各位介绍一些交往方式，这些方式会让那些不善言辞的人处理好人际关系。

可以自信地说，我将要分享给大家的内容，对于不善言谈或者认生的朋友来说格外有用。

如果你苦于“不善言谈，却想受人青睐”的话，那么请放心，本书可以帮到你！那么，我们开始吧！

目录 CONTENTS

Chapter 1

90% 的烦恼来自人际关系

Chapter 2

处理人际关系时，你拥有哪种性格特征

Chapter 3

不善言谈的人
获取信任的捷径

Chapter 4

构筑完美人际关系的关键

Chapter 5

构筑完美人际关系需要避开的陷阱

Chapter 1

90% 的烦恼来自人际关系

究竟是什么原因让我们为人际关系感到如此烦恼呢?

那么我们先从令人烦恼的机制和解决方法入手吧。

为什么你总陷入烦恼

Action

"有理想→无法称心如意→烦恼·失落·愤怒→放弃"，请脱离这个怪圈

“一切烦恼皆源于人际关系。”

这是阿弗雷德·阿德勒说过的一句名言。

我们确实总是因为人际关系而陷入烦恼。

其实我们没有任何察觉，烦恼就如影随形，接踵而至。

为什么？

在序言中我也提到过，我们人类很容易因为无法“称心如意”而感到有压力。公司里的人际关系、夫妻关系、爱情和友情关系、金钱和健康等等，当这些关系处理不好、不能称心如意的时候，我们就容易陷入烦恼。

我本人在NEC做销售工作和创业的时候，对于事与愿违的事情也很抵触，也做过一番争斗：

“为什么这个月的业绩完不成呢？”

“为什么没有更多的建议呢？”

“为什么预约数量这么少？”

“为什么没有报告、没有联络、没有商量呢？”

“为什么这周不能见面呢？”

“为什么这个报价不行？”

“为什么不选我们而选A公司呢？”

回想起来，20岁时总是很浮躁，总想试图控制对方，改变对方。遇到不顺心便大发雷霆。

在你感到困扰的时候，有人会劝你说：“烦恼悲观于事无补，何不乐观积极地对待人生？”听后反而更加焦虑了。

仔细想想，由于自己发火烦躁并控制了对方，使事情得到圆满解决的情况，屈指可数。

就算那一瞬间如愿以偿了，但代价是伤害了对方，不久对方就会离自己而去。类似的经历太多了！

人是任性的动物，有太多的理想。现实生活中，一旦不如意，总会陷入难过和烦恼。

有理想

→无法称心如意

→烦恼·失落·愤怒

→放弃

不经意间就陷入这样的怪圈里。

而这个怪圈，正是我们人际关系烦恼中的“负面循环”。

可这种状态真的可以忽视吗？

解决方法应该存在，我们从更深层的角度来分析一下吧。

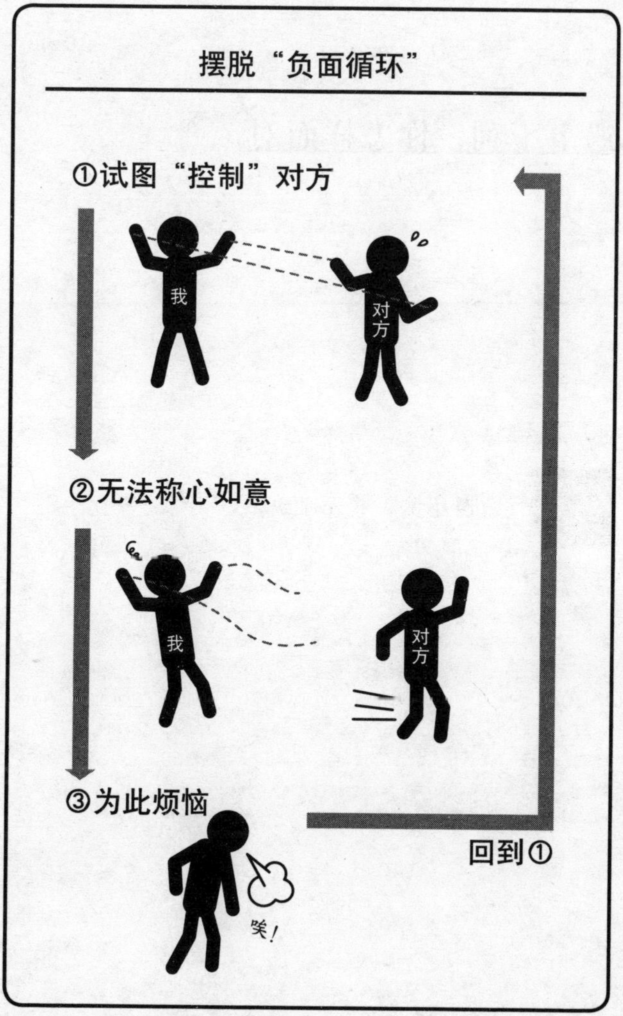
摆脱“负面循环”
①试图“控制”对方
我
对方
②无法称心如意
我
对方
③为此烦恼
唉！
回到①

遇事不利，你怎样面对

Action

遭遇不测，也不要悲观

在序言中我提过，日本约有1.2亿人口，世界人口约有77亿。每个人都有不同的容貌、身材、性格和思考方式，也有不同的理想世界。

50个人就会有50种“理想”，100个人就会有100种“心目中理想的样子”。

我们必须首先了解的一件事就是，理想的世界是不可能存在的，所以不要计较太多。

举个例子来说吧——

成功约到了喜欢的女生一起去看烟火（情绪高涨）。

终于等到了烟火晚会当天。

那天你没心思工作，一直坐立不安。

你在想这次约会绝对不能迟到，

所以心想要快速处理完手头的工作（情绪高涨）。

透过百叶窗看了看外面，你发现薄薄的黑云笼罩在空中。

虽然有些担心下雨，但还是忙完工作匆匆下班了（情绪极度高涨）。

和她会合，你到了约定的车站。

于是她来了（情绪极度高涨）。

当你看到了她穿着薄和服的样子，情绪极度高涨。

一起前往烟火晚会场地，可糟糕的事情发生了……

乌云密布，雨点从天上噼噼啪啪地滴落下来，

没过多久，就变成了倾盆大雨。

两个人在帐篷下避着雨，你的心情瞬间跌入谷底。

看得出来她的心情也逐渐低落。

正在这个节骨眼上，广播里说：

“由于天气原因，今天的烟火晚会被迫暂停。”

你一脸苦相：

“为什么会这样？为什么非得这时候下雨？”

“这雨马上就能停吧？就没什么别的办法了吗？”

看到你烦躁的样子，她心情更差了。

气氛一旦被搅乱，就再也没法改变了。

那天就这样草草结束了约会。

之后，她再也没有联系你，就这样分手了。

怎么样，这是不是常有的事情？这个故事总结下来就是这样的：

“大雨玩弄人生，男子令人遗憾。”

那么，你觉得这场雨有罪吗？

约会之所以失败，真的是因为这场雨吗？

这是他对“下雨”这个现象做出选择的结果。也就

是说，这是对“下雨”这个现象如何去看待，以怎样的情感去看待的问题。

其实，在帐篷下躲雨的时候，可以安慰一下正处于不安的女孩，让她打起精神，或者逗她开心。

哪怕对她关心地说一句：“你看，为了我穿了漂亮的薄和服，真是让你受罪了！你还好吗？”说不准还可以博得她的好感。

在听到广播的那个瞬间，你如果这样想：“任何人都能借着烟火晚会完成一次浪漫的约会，如果让她意识到烟火晚会虽然因大雨而中止，但我们仍然很快乐的话，她一定会爱上我的。”

那么，结果会不会不同呢？

能约到心仪的女孩（情绪高涨）

→上着班发现快到约会时间了（情绪高涨）

→和她会合（情绪极度高涨）

→由于下雨心情开始走向低谷……不！要提起精神（情绪极度高涨）

你也可以有这种选择！

总之，一切都取决于你。

是否下雨，并不是你能掌控的。

“对我来说重要的日子，必须是晴天！”那是不可能的。

消除人际关系中的烦恼，要点就在于，不要被我们没法掌控的事情左右，而要将自己的精力集中到自己能够控制的事情上。

在接近理想之前，先要接受“不完美”

Action

忽略你无法改变的

很多人因人际关系而感到疲惫的一个原因就是，**总是试图去改变那些我们无法改变的事情。**

不知道为什么，人总是想要改变他人。

有了中意的男生，就会心想："你要快点喜欢上我。"但对方其实不会受你的控制，一切都不会改变。

说到底，每个人每一天的心情，都跟前一天不一样。不仅有宿醉的时候，也有身体不舒服的时候，当然还有和家人或恋人闹别扭的时候。

想想看，你的上司刚到公司时和吃午饭时，情绪一样吗？下班后去喝酒之前，你的上司一定很快活。

人的情绪总是变化的。所以说，被他人情绪左右是很危险的。

那么，为什么明知道没法改变他人，但还是想要去改变呢？

原因就是“**有些时候我们确实尝到甜头了**”。

很多人认为改变自己实在太难，所以尽可能地想去逃避。如果对方改变了，那自己就不用改变，这样会轻松很多。

而且，发发脾气、哭哭闹闹、要求回报，通过这些方法控制对方，偶尔会让情况有所好转。

正是这种尝到了“意外好转”的甜头，我们养成了想要改变和影响他人的习惯。

虽然偶尔会尝到甜头，但这种要求回报来控制对方的做法，大部分会以失败告终。

做什么事情都要求回报的做法，实在令人生厌。只是为了偶尔获得甜头，而做出那些让人讨厌的事情，影响了别人对你的评价，这样做岂不是得不偿失？

重要的是：对于无法改变的事情不是去要求回报，而是去接受它。只有这样才能渐渐地接近理想。

也就是说，不要总想着一下子就做到“完美”，而是以逐渐加分的方式去接受。这很重要。

“想要获得对方的好感，不妨先问问他喜欢哪种类型。”

“为了获得对方好感，多做自我投资，让自己更有魅力。”

“除此之外，我还有什么可以做的吗？”

按照这样的思路去思考，我们就能明白自己应该做什么，也就学会了冷静思考。

而且，如果能做到这些，我们的心态自然就会变得积极了。

反之，若是从一开始就追求完美，一旦遇到不如意的事就会变得消极。眼中只有“不完美”的地方，这就是“减分式”的生活方式了。

人际关系中，“追求完美”是一项禁忌！

要做到不去“追求完美”，我们必须接受“人各不同”这一事实。也正是因为每个人都有他的独特之处，才会被对方吸引。

如果所有人的外貌、性格、身材都一样，又何谈谁喜欢谁呢？

若想为人所爱，必须将不同看成好事，不必改变。

人与人之间的“交际”，称为人际交往。

“这个人的不足之处，我好像可以弥补。而我的不足之处，对方好像也可以帮我补救。”

彼此取长补短便也是我们活下去的意义。

如果切断与他人之间的联系，活在自己的世界里，即便试图找出了答案，也很难幸福终生。

我也在追求同一化、规范化，因为这样做的确很多时候工作效率会有所提高。

但在人际关系上，这样做行不通。

在超市里，货架上陈列的水果蔬菜大多形状大小相似，卖相不好的就直接被扔掉了。因为乱七八糟的陈列可能会影响销售效果。

但是在人际关系上，拘泥于形式，追求“相同”只会徒增压力和烦恼。

人做不到，也不可能像超市里的蔬菜水果那样，保持同一形状、大小，甚至拥有同一思考方式。

人各有志，他人的事情我们没法干涉也是自然的。

在人际关系上，有些事情既然我们无法改变，那么就学会去接受它，用逐次加分的方式，做好那些我们能做的事。

忽略那些没法改变的事情吧

偶然的成功→得意忘形

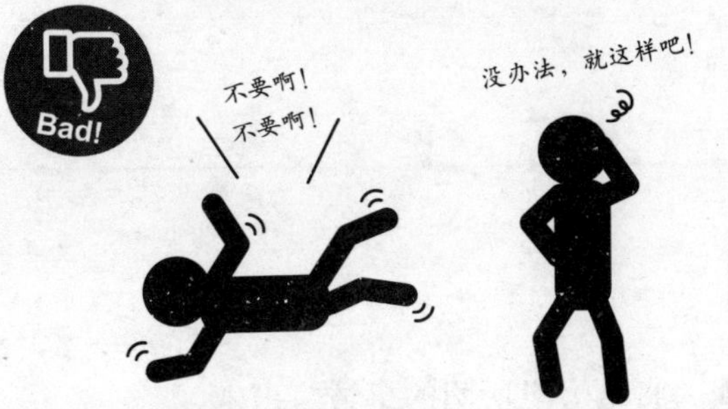

不去在意那些不可控的事

如何锻炼理性思维

Action

将脑海里所想的事情写出来，

培养框架思维

忽略不可控的因素，要着眼于我们力所能及的事情，其重要性前文已经提过，但我想还会有人为此烦恼。

那么我们该如何应对呢？

为不顺心而烦恼的人大多数都有一个共同特征，就是不会客观看待周围的人和事。

依靠自己主观的视角去看待人和事，目光就会愈加狭窄，容易为烦恼所困，这样的人不会关注别人的感受。

反之，能客观地看待周围事物的人会感知周围人的感受。

培养自己客观视角的有效方法就是写作。

写作可以锻炼自己将事物“结构化”的能力。

“他为什么会说这种话？”有这种想法的人大多数也有一个特征，那就是在他们看来“没想到”的情况很多。

相反，不为人际关系烦恼的人，往往会考虑各种情况来应对问题。

“你这么说，我就那么说。”“如果是这个人，我就这样建议。”考虑多种可能性和结果，具有包罗性，所以在不同场合，可以选择最佳方案，并采取相应行动。

而为了提高这种包罗性，最行之有效的方法就是“写”。我所说的写不单单要罗列出自己头脑中的片段想法，为了防止遗漏，必须要有框架的构思。

写文章的时候，首先要确定你最想传达的是什么，之后再去思考整篇文章的结构，以便导出结论。最后，设计好起承转合各个部分，再对各个部分的框架赋予“血肉”并加以润色。

若能养成写作的习惯，你会发现无论是工作还是生活，你都将拥有一种全局观，也能避免很多事情因为自己目光短浅而错过。

其实写作的机会非常多，比如写会议议题、写博客、写演讲稿等等。

要做到不为不顺心的事所烦恼，不妨平时多写写文章，培养自己的框架思维。

专栏 1　世界在变化，交流变得日益重要

世界发生了翻天覆地的变化。

第四次工业革命正在进行，我们已经步入了 AI・IOT・区块链・共享经济时代。此时此刻，社会依旧以惊人的速度不断发展着。

凯西・戴维森教授（美国杜克大学）说过：**“2011 年秋天上小学的孩子中，有 65% 将来会从事现在不存在的工作。”**

其实，IT 产业影响人类社会的发展才区区百分之几，还在初级阶段。步入现代，各种便捷的工具不断产生，因此“世界上不存在的东西”也几乎没有了。

当今的时代，正在从“物质”消费向“精神”消费转变。

特别是全球在经历了新冠肺炎疫情之后，失业、倒闭的情况以前所未有的速度相继发生。“缩小规模”的趋势仍然会持续一段时间。

因此，消费者手中的钞票少了，只会去购买必需品，海外旅行、奢侈品、豪车、高层公寓等就更不用说了，物质消费将进入停滞状态。

这种情况下，迅速崛起的是“共享经济”。

人们手中的钞票少了，将会最低限度地购买必需品，剩下的部分通过“共享”去解决。这种潮流已经兴起并在迅速发展。

“共享”其实已开始融入我们的生活。比如共享汽车、共用工作空间、二手平台、爱彼迎、幽灵餐厅等等。

共享经济最大的优点就在于省钱，并且能增强人与人之间的联系。

伴随着共享经济的发展，以下产业将快速发展：

- 空间共享：民宿、共用工作空间
- 物品共享：二手平台、雅虎闲置
- 移动共享：Uber（全球及时用车平台）、共享汽车
- 技能共享：众筹
- 金钱共享：云融资

时代变了，公司和企业不再被需要，物质主义转向精神主义，物质消费也随之转向精神消费。

精神消费的时代要求人们必须具备社交能力！

Chapter 2

处理人际关系时，你拥有哪种性格特征

不擅长人际关系的人，擅长人际关系的人，分别都有怎样的特征呢？

接下来我将为大家介绍其各自的五个特征，你可以看看自己属于哪一种。

不擅长处理人际关系的人的 5 个特征

① 习惯独自解决问题

为人际关系烦恼的人，遇到问题时从不求助，喜欢自己独自解决问题。

比如说，小学、初中的时候，班里有没有那种回答问题的时候首先喊出“我知道！”的同学呢？

当时你的反应，属于以下列举的哪一种呢？

- 直接说：“这道题你怎么做出来的？能教教我吗！”
- 自己琢磨，不想求助，想靠自己的能力把题解开。

我就是后者。

最初我想靠自己的能力解题，可看着周围的人都解了题后，自己便焦虑起来，明明可以问一下就解决了，却迟迟不肯开口。我想有同样倾向的人都一样吧。

渐渐地，心里会这么想：

“不靠自己的能力解题有什么意义？”

“不就是比我早点把题解开了吗？有什么了不起的，真烦人！”

“不要用可怜我的眼光看着我，我可没想被同情！”

一个人独立解决问题的时候，很容易产生消极的想法，甚至出现“被害妄想”，什么事情都往坏处想，有时情绪会极度低落，一定要注意到这点。

② 喜欢和周围的人做对比

小的时候，我的母亲就经常跟我说："隔壁家 ×× 去学校的时候都会帮妈妈扔垃圾，你要是也能帮妈妈扔垃圾就好了。"

"你学学 ××。"

"×× 家买车了呀，想必是有大出息了。"

想必很多人都是听着这些话长大的吧，尤其是日本人，格外喜欢和周围人作比较。所以自己长大了之后，也不自觉地和周围人比较，并因此而烦心。

更糟糕的是，每次比较完后都觉得自己不好，自己

真的很差劲。

如果给自己贴上一个“我不行”的标签，那么这种可怕的想法会伴随我们长大，所以我们必须要及时止损。

止损最有效的方法就是彻底换个新环境。

我离开了老家，来到东京，从此阻断了一切之前无用的信息，能够选择对自己有益的信息了。

我创业以后，在工作上有了成绩，也渐渐地有了自信，尽管和周围人比较，我也不会选择认输。

不是说和周围人作比较不可以，只是每次比较之后给自己贴上“认输”“我不行”的标签是不好的。但如果因为比较，而让自己去努力改变的话，比较也会成为一种乐趣。

③ 过分在意他人的感受

经常烦恼的人都会太在意他人的目光，会考虑“这样做是不是会被别人讨厌？”，最后让自己变得很疲惫，陷入无尽的负循环之中。

请务必记住以下这两点：

第一点，这世上不存在完美的人。

“大家都喜欢，可我就是讨厌”，这种情况有很多。不管多么完美的人，还是会有被嫌弃的时候。因此，我们可以明确地说“这世界上并不存在完美的人”。

另一点就是，周围人并没有你想象中那么关注你。

举个例子，你和某个人拍照，拍完之后对方会说“让我看看”，你想他会先看谁呢？肯定是他自己。即便是和男朋友的合照也不例外。

也就是说，任何人都不会关注你，每个人只去关注自己。

所以没有必要太在意别人。

经常有烦恼的人，总是太在意他人的想法，渐渐地就将自己排在后面了。

这样的人不愿说出自己的意见，只想和周围人保持意见统一。

可这样做真的可以避免被周围人讨厌吗？

如果他人评价你“问他什么都点头称是”的话，之后任何人都不会再去征求你的意见，逐渐地你就会被边缘化了。

反正再怎么努力也会被嫌弃，那么大可不必太在意别人的想法。

总之，在力所能及的范围内，我们做到最好就可以了。

如果因此而被周围人讨厌，我们应该高兴才对。

我希望你能成为这样的人。

④ 很少失败

失败经历很少的人，往往容易因为一些小事烦心。

一不顺心，就仿佛到了世界末日，一蹶不振，给周围带来负能量。

自己一蹶不振还算可以，向周围传递负能量就不好了。

这种行为不仅给别人添麻烦，还会给别人留下“不考虑他人想法”的印象，会被别人讨厌。

人们往往对这种人避而远之，就像躲避流感病毒，防止“病毒”扩散一样。

无论自己再怎么不幸，任何人都没有向周围散布负能量的权利。

我以前也很害怕失败，认为失败会降低自身价值，是件很丢人的事。

可反过来想一想：“我是一下子就能成功的天才吗？”

当我认识到并非如此的时候，想法就改变了：**失败＝挑战的证据（提高自己的价值，值得骄傲）**。

如果失败的经历太少，很容易因为一点小事烦心。这时不如想：“任何人都不是一开始就能做好的，我应该去享受失败，挑战它们。”

⑤ 太悠闲

我们烦心的时候多半是我们闲下来的时候。当自己日程档期全满的时候，是没时间烦心的。

人的思想意识就好比水从高处流向低处一样，什么都不做的时候，就会从高处向低处，自然而然地流向那些负面情绪，滑向低谷。

一旦我们有事情要做，这种状态就会被迫切换回来。反而一天无所事事的话，就会丧得不能再丧。

单单坐着放空自己，发会呆并不是什么坏事。

我也会专门腾出时间来，什么都不想，放空自己。一般我会根据自己一天的日程安排，提前规划出一部分时间用来放空自己。并且我会设下闹铃或者放音乐，提醒自己“放空的时间”结束了，从而及时把状态切换回来。

以前有人告诉过我：“纠结了3秒还没有结果的话，就直接找人商量。”

因为大多数情况下，我们纠结了3秒还没有结果的事情，之后即便再去琢磨也难有结果。为一件事一直纠结，可以说是在浪费人生。

所以我们应该为自己创造一个有规划的、充实的，并且有倾诉对象的环境。

擅长处理人际关系的人的 5 个特征

① 断舍离

我平时经常会被问这样的问题：

“权藤先生，您在成功的路上，遇到过最艰难的事情是什么？”

“可以告诉我您曾经失败的经历吗？”

“您一路走来，都失去了什么呢？”

实际上对于我来说，每当被问起这一类问题的时候，我都不知道如何去回答。

因为我本来就“没有”。

但如果我这么回答的话，对方就会很失望地说：

“没有吗？果然权藤从一开始就很优秀啊，跟我不一样。”

但其实并非如此。

只是因为我真的“不记得了”。

因为在当时的情境下我不得不选择把它忘掉。

在我之前的作品《心灵强大的简单法则》（KIZUNA出版）中，我也是绞尽脑汁才写出来几段失败经历。

但那也都是一些让我印象非常深刻的经历，其余大多数失败经历我的确不记得了（虽然失败了很多次）。

以前有人告诉我，“成功就像积雪”。积雪这个过程，就是在地面上先有一层没有完全融化的雪，之后再下雪，这样才能一点一点堆积起来。我听完这个比喻后，二话不说便开始追求速度和质量。

在忙得不可开交的状态下，我根本没有时间在每一次失败前驻足思考。

“不断尝试了很多次，突然发现自己做到了。”

“那在多次尝试中，都经历了哪些失败呢？”

“这个嘛……不记得了，因为当时一心只想着拼命去做。”

大致就是这样的感受。

说到这里，前面写到每次被问及“您一路走来，都失去了什么？”的时候，我一般都是这么回答的：“可能不再去问那样没用的问题了吧。”当然是边笑边说的。

但我的导师的回答就更潇洒且更有深意了。

“能告诉我您失去了什么吗？”

“那就是对将来的不安。”

② 让自己过得自在

没有烦恼的人并不抗拒“抄袭”。

只要有比自己更好的点子或者方法，他们就可以放下自己的那份自尊，直接说：“这么好的方法我就拿去用啦！”然后毫无顾忌地拿来自己用。

其实这样不算是真的放下自尊，因为自尊并不来自于做事的方式，而来自于最终的结果。

巧妙地借助他人的力量做出成绩，也是自己的能力。

没有烦恼的人，善于反省但不去后悔。

反省是为了考虑未来，而后悔则是被过去缠住脚步，活在过去的阴影中，对自己未来的发展没有任何意义。

总结下来，要点就是，尽快从那些降低自我价值的事情中脱身。

一直烦恼的结果就是：

“唉！即便这次逃过一劫，人生的路还有很长！”

“自己的人生自己做主。除了自己之外没人能担得起这份责任。”有这样的想法也很重要。

话虽如此，但是“达成目标的习惯”也很重要。

我一般会设定一个“乐观的目标”和一个“托底的目标”。也就是一个最高目标和一个最低目标。

“这个月的销售额目标是5000万日元，但最低也要达到3000万日元。”差不多就是要有类似这样的思维模式。

当发现设定的乐观目标完不成的时候，不要逃避或者放弃，而是要奔着完成最低目标再加把劲。

设定最低目标，就是为了让自己过得自在。

③ 形成“乐天派”思维

乐天派的人不会烦恼。

所谓乐天派，就是指不会“闷闷不乐”的人。

他们不会因为已经发生的事情总想着“这下完了”，为此失落难过。而是会想“事情发生了就发生了，已经没法改变了，事已至此，不如向前看”。

还有个词叫作“乐观”，两者在语感上有微妙的差别。

“乐观”指的是，遇到困难会用一种轻松的语气说“肯定会好起来的！”，但绝不能说这种想法就是积极的。

“已经发生了的事情没法改变”，让人感受到一种去改变未来的意志，而“肯定会好起来的”，就让人感觉漫无目的。

有句话是这么说的，“没有计划就是在计划失败”，所以“乐观”并不是褒义词。

真正积极的想法是：在充分考虑最坏结果的前提下，仍然坚信“即便如此，我也要去努力打开局面”。

不是“肯定会好起来的”，而是“我要去做点什么”。

不做任何天真的想象，无论发生什么都下定决心去解决它，做好这种思想准备，不断前行，这才是真正积极的思考方式。

所以，用这种“乐天派”的思维，冲破一切烦恼吧！

④ 果断地做决定

可以果断做决定的人不会烦恼。

可以果断做决定指的是：对于任何事情都可以当机立断；可以果断说出 YES 或者 NO。

关于这一点，我也在拙著《自己做决定》（KIZUNA出版）中提过，人生中的抉择，除了自己之外没有谁能承担这份责任，不论是家人或是恋人。

我大学毕业后在 NEC 工作，从 NEC 离职打算去创业的时候，遭到了家里的一致反对。

那个时候我就问我的母亲："您说让我放弃创业，我创业成功后可能得到的所有东西，您能给我保证吗？"

而对于这个问题，父母的回答是："这是两码事！"

谁能为你的未来负责，就由谁来做决定。

做这个决定的人不是你的父母，不是你的上司，也不是你的朋友，而是我们自己。

当然，我们每次做出的选择，其结果也要我们自己来承担。

无论结果是好是坏，都是我们自己的选择。这一切的原因都源于我们自己，而不在于外界。

我前面提过，容易烦恼的人总是在意周围人的目光，所以无论什么事都想和大家步调一致。但实际上，如果按照别人的想法做事情失败了，责任也在自己，因为别人说什么你听什么。

无论是听别人的，还是听自己的，承担结果的只有自己。

在做销售或者开会时，发言含糊、不做最终决断、不敢担责的人是没法被大家信任的。

所以说，可以果断做决定的人，不仅可以得到他人的信任，而且不会被烦恼所困扰。

⑤ 保持健康状态

不为烦恼所困的人，大多都很健康。

“健康的心灵，寄付于健康的肉体之内。”这句话可以说是一语中的。

他们会像管理者一样提高自己对健康状况的意识，

并锻炼身体。

就我自身来讲，我认为烦恼是情绪所致，所以会做一些事情转换一下心情，这样自然而然就会变得积极。

具体来说，就是让荷尔蒙和自律神经保持在一个平衡的状态。

行之有效的方法有以下三点：

- 优质的睡眠
- 良好的饮食习惯
- 适当的运动

仅此而已。

简单说就是：好好睡觉、好好吃饭、好好运动。

我今年已经 37 岁了，同二十几岁的时候相比，我更重视睡眠了。

在一段时间内牺牲睡眠去工作有时也很重要，但现在我坚持早睡、挑选合适的枕头、坚持午休，以提高我的睡眠质量。

饮食方面，虽然比之前花销多一点，但我也是有意识地去吃一些健康的东西。

一日三餐，一年就是 1095 顿饭。今年我 37 岁，还有约 43 年吃饭的机会，那么我这辈子还能吃 4.7 万多顿饭。吃饭本来是种快乐，不要觉得吃个桶装方便面就算了，补充一些营养食品，保持营养均衡，对饮食要重视。

最后一条是运动。我每周都会进行无氧运动。因为做一个小时的无氧运动，体内就会多分泌一些多巴胺、肾上腺素、血清素等能让人兴奋的物质，这样一来整个人都会充满能量，专注力也会提高。另外慢跑、散步或者晒太阳也会让人开心。

一个健康的状态对保持精神平衡很重要，一个健康的人很少有烦恼。

专栏 2　了解属于自己的社交类型

从本章节开始，我将为大家介绍人际交往中的具体技巧，介绍之前请先看下一页的图。要了解人际交往这一过程，首先要了解自己是哪种类型的人。

我们把它叫作“社交类型理论”。

以“自我主张的强弱”和“表达情感的强弱”为轴，将人的性格划分为四种类型，你是哪一种类型呢？

社交类型

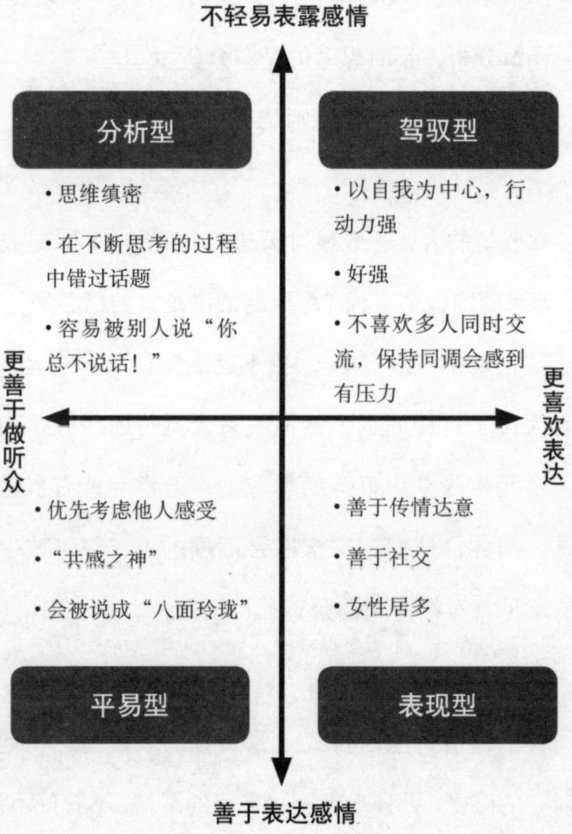
不轻易表露感情
分析型
·思维缜密
·在不断思考的过程中错过话题
·容易被别人说“你总不说话！”
驾驭型
·以自我为中心，行动力强
·好强
·不喜欢多人同时交流，保持同调会感到有压力
更善于做听众
更喜欢表达
·优先考虑他人感受
·“共感之神”
·会被说成“八面玲珑”
·善于传情达意
·善于社交
·女性居多
平易型
表现型
善于表达感情

有自我且行动果断、好胜心强的就是“驾驭型”。

感情丰富、性格开朗、引人注目的则是“表现型”。

谨慎分析、不断思考的是“分析型”。

协作精神格外出众的则是“平易型”。

驾驭型的人，一般很讨厌和多人一起交谈。这是因为，如果周围很多人说“今天的演讲是真的精彩啊！”，自己就很难说“没有啊，我不这么觉得”。或者，如果有人说了这样的话，其他人就会觉得这个人情商很低。自我主张意识很强的驾驭型，通常会持有自己的想法。因此，他们不愿意迎合周围的人，很难改变自己的意见，对保持同调会感觉有压力。

善于传情达意，自我主张又强的表现型，比起考虑对方的感受，更喜欢去表达自己的感情。不管好不好，他们不会考虑周围的气氛，甚至还会主动去创造一个恰当的氛围。因此表现型通常和任何人都能聊得来，很多女性属于这种类型。

作为分析能手的分析型，在把自己的想法传达给别人之前，会经历一系列缜密的思考。比起自己的情感，他们更在意到底“对还是不对”。因此，他们在与人交往的过程中，往往因为不断地思考而错过话题。分析型的人，他们自我主张的欲望并不是很强烈，容易沉浸在自己的思绪中。

除了必须发言的时候，他们一般不会主动表露自己的想法。因此在众人面前通常保持沉默，有人会说他们不爱说话，分析型的人却认为其他人话太多。

自我主张的欲望不那么强烈、也会表达自己情感的平易型的人，可以说是“共感之神”。这个类型的人无论在任何场合做任何事，都会先考虑对方感受，因此也会被他人说成“八面玲珑”。这种类型的人特别擅长和不认识的人交往，毫无疑问，他们给人的第一印象都很好。

我的性格接近分析型，也有平易型的特点，无论是分析型还是平易型，都有更善于倾听的属性。从这一点来讲，可以说我掌握了本书中所要介绍的社交要领。

当然，在家庭、在职场、在会见朋友时，人们会根据社交对象的不同，不断改变自己的社交类型。但是最基础的类型是不会变的。你是哪种类型呢？

了解了这些后，我们就可以继续学习社交的相关技巧了。

Chapter 3

不善言谈的人获取信任的捷径

现在开始进入技巧讲解了。

不用去磨炼谈话技巧，接下来我将为大家介绍建立信任关系的具体方法。

为什么他沉默寡言，却值得让人信任呢

Action

少说、多听、多问

一谈到跟人交往，有人会说“我不怎么擅长跟人打交道”。

但是，本书想要传达的就是，即便不擅长说话也可以消除人际关系带来的烦恼，甚至可以让你在改善人际关系上更进一步。

究竟是什么呢？

在工作方面取得优异成绩的人、真正品格高尚的成功之人和恋爱中受欢迎的人，都有一个共同的特点，就是“善于倾听”。

“二流”的人总想让别人听自己的话，总想让他人理解自己，并为此耗尽所有心神。和这类人交往和合作都不会长久。

最重要的不是“说”，而是“倾听”。

倾听和理解对方的讲话尤为重要。

这个技巧就是，不去否定对方的说话内容，而是去倾听和理解对方的感受和价值观。

如果能认真倾听对方讲话并完整地理解对方的说话内容，那么在你说话之前，精力应该已经消耗得差不多了。

即便不说话，只是保持倾听的样子，对方就会对你产生信任感，你们的交流就成功了。

此外，还有一个举动会给你的倾听加分，**那就是提问。**

有效的提问，是推进整个交流过程必不可少的一环。但是，我想有人不知道什么是有效的提问，并为此烦恼。比如说在营销界，特别是新人，很多情况是顾客比自己知道的还要多，如果不懂装懂，很快就会露馅。

我刚步入社会大概一年左右的时候，开会和谈判时常听到很多专业术语，跟上大家谈话的节奏已经很不易，更别说提问了。

因此，我的应对办法是，既然想不出有效的提问，那就试着去“重复”重点部分。

“唉，我一直都在纠结，线上持续到什么时候，线下又在什么时候开始更合适。”

“纠结线上什么时候结束，线下什么时候开始，对吧？”

“对对，是的。所以……”

就这样，用“重复”代替提问，客户会不断地给我提供有益的信息。

这样做，比不懂装懂、提一些自相矛盾、偏离主题的问题要好得多。

首先要做到“重复”，才能把精力都放在倾听上，之后再提问。

不知道什么时候问，可以尝试去重复对方说过的话。

这样的对话才能继续，获得的信息会越来越多，交谈也就成功了。

最重要的点在于，与其试图说服对方，不如学会理解对方。

如果对方心动了，谈判的数字一定也会发生变化。

尽管没多说几句话，但交谈却成功了。

即便不说话，对方也会信任你！！

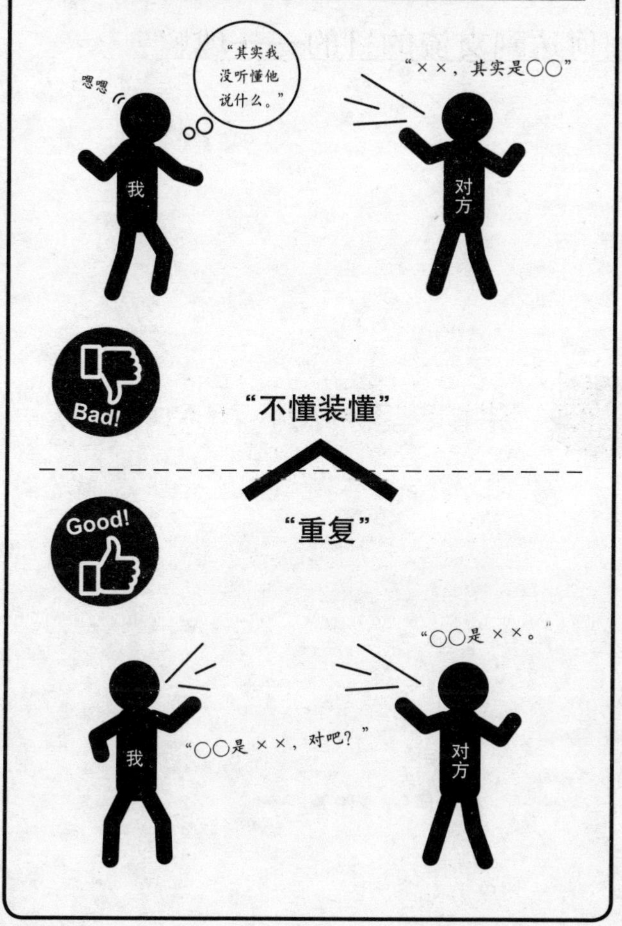

如何达到交流的目的——理解

Action

与其说一些不懂的词语，倒不如不说

到底为什么不能倾听别人讲话呢？为什么要极力表达自己的观点呢？

那是因为心有不安。

你会为对方是否接受自己的想法而感到焦虑。因此，为了防止对方尖锐的反驳，你滔滔不绝地说个不停。

在二流的营销人员中，很多人不断地讲话，一直想着如何向客户更好地传达本意。实际上对方并没跟上话题，这点他们一清二楚。

但是，内心越不安，说得就越多，这样对方越发跟不上节奏。

与其使用对方难以理解的语言进行交流，倒不如不说。

人本来就不善于理解过于冗长的话语。

而且，人们有这样一种倾向：在听一长串对话的时候，只要有一个词没听懂，就会一直很在意那个词，其他的话语也就听不进去了。

“昨天，下班了之后，大家想着一起喝个咖啡，就去了‘TRONT’，结果到那里以后，发现一个空位都没有，想想下着雨，这也没办法。但是，肯定不会一直没座位吧！好不容易坐下来之后，那个女孩突然就哭了。她跟我说：‘我和男朋友分手了。’我问是怎么回事……”

怎么样？

这段话本身就很长，需要一直听下去，再加上听到“**TRONT**”这个词，思绪瞬间就停止了吧。

这样一来，后面跟男朋友分手的话几乎都没听进去。

顺便揭秘一下，说这段话的人把一个非常有名的咖啡连锁店的店名“PRONT”说成了“TRONT”。

虽然这里写得简单易懂，但如果在做营销的时候，特意说一些一般人听不懂的专业术语，或者一些自以为很酷的话，并不是什么好事。

有很多营销人员发现对方不理解时，仍会将话题进行到底，他们好像对此感到满足。

人很难理解长篇大论，一旦出现不懂的词，就会停止思考。

与其硬插一嘴，不如暂且保持沉默，听对方讲完。如果有不懂的地方，就试着去复述一下，使对话继续进行。

虽说心里没底，但也不能一个劲儿滔滔不绝地讲，在自己表达的过程中，也要确认对方是否理解，否则交流的目的很难达成。

创造时机并把握时机

Action

试试"正向提问法"

在与人交谈的过程中，我非常重视“创造时机”。

成功人士很擅长利用“时机”。

比如，专业的接待人员尽可能不给客人留有思考余地，这是为了能留住客人。

在体育界，“时机”也是制胜的关键。棒球比赛中，投手会瞄准时机把球投给击球员，投手和击球员的时机掌握得越好，取胜的可能性越大。

相扑比赛中的摔跤、足球中的罚球和滑雪中的跳跃，这些全都是靠“时机”制胜的。

还有，令人发笑的综艺节目也是靠“时机”制胜的。

请你回想一下身边那些说话有趣的人，他们都能合理地掌控“时机”。

工作上也是如此。

有一种方法叫作“正向出击法”。

想要反驳对方的时候，不问缘由、直接否定的话，很难被接受。有一个小技巧：最开始可以先说“确实如此啊”之类的话语来肯定对方，接着再说“但是”来表达自己真正想说的观点。我认为这也可以说是一种利用“时机”的好方法。

一上来就去否定对方的话，没办法创造“时机”。

用肯定的语气切入，先说一些“嗯，是呀”这类的话，就创造出了“时机”。只有这样，对方才可以静下心来接着听你要说的话。

然而，肯定了对方后，马上说“但是”，有时会使交谈难以继续下去。

因此，我的方法是使用“正向提问法”。

肯定之后，不要着急去否定，而是去提问。

比如，有人这么说："虽然我也觉得读书很重要，但我既没有时间，又看不进去啊！"

这个时候用"正向出击法"的话，就是这样："嗯，您说的没错。但是，我觉得时间这个东西得靠自己挤出来！"

但是如果换成"正向提问法"的话，就是：

"嗯，的确如此！那您觉得为什么看不进去呢？"

"真讨厌，太难了！有时候得反复读好几遍！"

"确实！那你听说过高效读书法吗？"

"没有，那是什么？"

"先大概看看开头的序言，就能知道这本书想要说什么、结论是什么。之后再看目录挑选自己比较感兴趣的章节去读，这样短时间内就能读完啦！"

“哇！这个方法不错啊，我回去试试！”

就这样，只需反复问几个问题，谈话就进行下去了。

巧妙地运用好“时机”，借助有效的提问，让话题继续下去。

一起试试“正向提问法”吧！

Bad!

正向出击法

“但是”让对话难以进行下去

Good!

正向提问法

只要问几个问题，对话
就可以顺利进行！！

影响对方并留下深刻印象

Action

做好“企划”，意识到可以“影响对方”之前，先保持沉默

“不知道为什么，就是无法把自己的想法传达给对方。”

我想任何人都有过同样的经历吧。

想告诉朋友的事情，想让恋人理解的事情，想让客人明白的事情……可是表达的时候，却说不明白，这种情况应该有很多。

明明说了很多，但对方却没有理解自己想要表达的内容，真是很心累。

所以，我在跟人谈话时意识到了这一点：“我现在说的内容，对方能完整地写到纸上吗？”

之所以这么说，是因为人一般都按照自己的喜好听别人讲话，而且喜欢一边琢磨自己接下来要说什么，一边听对方讲话。

到底怎么做才能将自己的想法准确地传达给对方呢？

沟通能力强的人，一定会意识到以下两点：

①做好企划后再讲话。

②意识到可以“影响对方”再讲话。

接下来我来解释一下这两点具体指的是什么。

①做好企划后再讲话

这点说的是，要在明确自己想要传达给对方的内容之后，再开始讲话。

那些擅长演讲的人，心里很清楚自己的演讲目的，因此他们想办法将自己的想法传达给对方。比如一开始先抛出问题，然后再说这个演讲对听众的重要性，最后再讲一些小插曲来吸引听众。

首先，抛出问题可以防止对方沉浸在自己的世界里，调动对方的参与意识，让对方愿意倾听接下来的内容。

紧接着，举一些常见素材，让对方感同身受，以此来说明演讲的意义和必要性。

然后通过别人的体验和具体的会话来说明具体功效，让听众欣然接受。

②意识到可以“影响对方”再讲话

明确了自己的传达日的之后再讲话，听众会有如下反应：

听完演讲采取行动时，他们一直会想着你说的那些话。也就是说，你的影响力和存在感会一直影响着对方。

比如跟某个人喝完茶之后，心想：“嗯？今天这个时间到底干了什么？”这种事情经常发生。这便是没有行动计划，即没有完成所谓的实质性交流，只是进行了一次闲谈而已。

我不认为你说得越多，对方越明白。

要有效地传达自己的想法，就像我前面所说的那样，看看对方能否将自己讲的内容完整地写出来。

关于这一点，我介绍一个非常值得参考的、专业的讲话方式——日本购物平台“japanet TAKATA”的销售语术，他们的商品说明非常简单易懂，我们来看看吧。

·商品

吸尘器

·抛出问题

每个家庭中都必须要有一台，为什么呢？

· **常见素材**

最重要的备考时期，您的孩子嗓子发干，鼻涕止不住地流，我想大家不愿意您的孩子在这样的状态下备考吧！大家都知道，冬天这个季节，除了感冒以外，家里很容易积累灰尘。

· **具体功效**

如果要清除灰尘，就需要这台吸尘器。强劲吸力能够持续清除99%的灰尘！

为什么如此高效呢？这其中的秘密，请看这里！就是集尘仓！这种吸尘器通过高速气流，迅速分离灰尘与空气，能够保持强劲吸力！

而且，它可以压缩分离出来的灰尘，请看这里……明明已经吸进大量的灰尘，倒出来的垃圾却只有这么一点！

那么，我们亲眼看看它的吸力到底有多大吧！

（实际操作）

·落实到行动

特殊折扣，仅限今天！

巨惠！以旧换新，现在购买任意商品可抵2万日元！

心动了吗？赶紧打电话订购吧！

这样的宣传模式会让客人每天在使用吸尘器的时候去关注japanet的商品，这就说明他们的讲话具备了一定的影响力。

提高交流能力的技巧

① 讲话之前先想清楚自己想表达的内容

· 抛出问题

➡ 提高对方参与的积极性

· 举出常见的例子

➡ 让对方意识到你想传达的内容很重要

· 讲解具体功效

➡ 让对方更容易产生联想

② 有意识地说能够“影响对方的行动”的话

➡ **对方采取了行动**

在对方行动的过程中
你的影响力也在增加。

与其解释，不如讲事实

Action 最后再发表你的想法

“那件事怎么样了，还顺利吗？”当人们这么问的时候，你一般会怎么回答呢？

“是，我感觉服务也挺周到的，而且产品能够满足未来时代发展的需要，应该能畅销。”

这样的回答，你觉得怎么样？

乍一看感觉回答得还不错，但实际上是真的不怎么好。

首先，对于“还顺利吗？”这样的问题，只需回答“是”或者“不是”。请认真地回答问题。

看似简单，但是经常有人听到问题之后，并不直接回答，而是说自己的想法。

不管说“是”或者“不是”，首先给对方一个回答，这个回答必须是基于事实的。

其次，很重要的一点是，我们应该站在对方的角度去考虑：提问者究竟为什么会提出这样的问题？

在这种场合下，为什么会问这个问题呢？

那是因为，对方对那个工作的进展是否顺利感到很不安。

我的导师经常对我说："等有时间了我再听你的想法（解释），现在先告诉我现场发生了什么？把现场的情况告诉我。"

的确如此。

事实是最可信的，相比之下个人（解释）的可信度就不高了。

因为事实只有一个，而解释却可以有无数个。解释终归到底只是说辞而已。

讲话人一味地讲自己的想法，哪怕讲得再多，听话人还是会感到不安。

而像下面这样的回答，就可以完成双方间的有效交流。

“那件事怎么样了，还顺利吗？”

“是的，很顺利（**回答问题**）。我和A公司谈判的时候，对方表示想引进，只是价格方面有点问题（**讲述事实**）。关于价格，A公司认为我们比竞争对手B公司更便宜（**讲述事实**）。我已经跟对方说好了，包括B公司在内的其他公司如果给出比我们公司更便宜的价格，A公司再联系我们。所以我觉得应该没有问题（**发表见解**）”。

这样的回答怎么样呢？

这样的回答虽然非常简单，但提问方听后也可以放心了。

我罗列出大量的事实之后，在回答中还加入了一些上司想知道的信息，使上司能够做出今后是否投入运营费和广告费的决定，所以上司也能放心地听下去。

“顺利吗？”，对于这样的问题，回答的方式就是：

“顺利，理由是……，事实是……，决定性的材料是……，我的看法是……。”

像这样，把对方需要的信息一件一件讲出来。

你只说出“1”，对方就能够理解到“10”，说的正是这种回答方式。

只讲事实，不要插入过多的解释。

如果这么做，就不需要那些麻烦的谈话技巧了。

这也是不擅长与人交谈的人应该掌握的基本技能。

最后再发表自己的看法

自己的想法说得再多，听话人仍然会感到不安……

讲事实，听话人才能放心！

传达信息的一个“秘密武器”

Action

抛弃华丽辞藻，用数字来说话

有些人话少，但大家都很佩服他。你的周围是不是也有这样的人呢?

这一类人在讲话的过程中，有一个很明显的特征。

那就是——**用数字说话**。

为什么说用数字说话很重要呢? 因为对于语言本身的理解，每个人都不可能一模一样。

我举个例子来说吧。

有这样一个溪谷：山间的树木绿意盎然，温泉的水汽蒸腾氤氲，阳光洒满大地，入目皆是美景。

一个人看到这美好的景色，却说了一句“真难受”，你一定会想，一般人一定会说“被治愈了”“这风景太好了”，那么这句“真难受”到底是什么意思呢?

为什么，他会说“真难受”呢？

理由很简单。因为他有恐高症。

所以当他看到那个溪谷时，因为恐高而头晕目眩，不由得说了句“真难受”。

怎么样，你是不是想象了各种各样能让他说出“真难受”的理由呢？很少有人能想到他患有恐高症。

综上所述，人们看待事物的方式是多种多样的。怎样去看待某个情景，如何去处理接收到的信息，这些都因人而异。

在这世界上，同样有很多话语无法让对方理解。

例如：

“当陷入危机的时候”；

“去找出你的核心竞争力吧”；

“这是一种多么具有潜力的东西啊”；等等。

这些话乍一听很高大上的样子，但遗憾的是，实际上并不能传达给所有人同样的意思。所以这些话是无用的。

但是，有一种话语能向所有人传达完全一样的信息，那就是“数字”。

“4”无论谁看都是“4”，“10+2”无论谁去算，都是“12”。

显而易见，人们对它的理解也不会因人而异。

“这份工作进展怎么样了？”

“很顺利，还剩一点就做完了。”

这样的回答是有缺陷的。

首先，没有说清楚“顺利”到底是多顺利，其次，“还剩一点”对于听话人来说，是“还需要一小时”呢，还是“需要一天”呢，理解起来会产生偏差。

“这份工作的进展怎么样了？”

“已完成 70%，再有 2 天就可以结束了。”

像这样，用数字来表达。

既不用过多花费心思，也不需要提高音量，更不必用夸张的手势，只要用数字说话，你想说的就可以让对方完全理解。

输掉棒球比赛后，比起捶打地面哭嚎着“不甘心”的人，一声不吭却空抡球棒 1000 次练习击球的人更能让人感受到他内心的那份不甘。

同样，比起那些高声宣言“我一定要考上心仪的学校！”的人，那些每天在单词本上记下 100 个单词的人更能表明他的决心。

宣言是一种行为，而行为则是一种行动，行动会落实在数字上。

世界并没有因为精神和气势的高涨而发生改变。

具体来说，我们应该采用任何人都可以一目了然的努力方式。所以多用数字来表达吧，这样才能不费吹灰之力地将你的想法清晰易懂地传达给对方。

对方说话让你烦躁时，你怎么办

Action

如果发生了糟糕的事，尝试用积极的话语来回应一提起人际关系，人们可能会感觉它很复杂。因为其中夹杂着各种微妙的个人感情和不为人知的背景。

但是归根结底，人际关系是以自己为中心建立起来的。

更进一步来讲，是由我们自己的语言决定的。

因此改善人际关系最快的方法，就是改变自己的说话方式。

这到底是怎么回事呢？我简单地说明一下。

比如说，我们对于那些发生的好事，会抱有一些积极的想法，说一些积极的话很容易，对吧？但我们对于那些糟糕的事情，也很容易产生消极的情绪，说一些消极的话。

而我们之所以苦恼于人际关系的复杂，正是因为陷入了后者的恶性循环。

在那些糟糕的事使我们痛苦的同时，我们还在用消极的话语折磨自己。

重点在于“即便发生了不好的事情，是否也能说出一些积极的话”。

如果你不习惯这种做法的话会感觉很困难。老实说，我也经历过这样的痛苦。但是经过下面的训练之后，我做到了。

在不好的事情发生的瞬间，人们会产生负面情绪，所以哪怕是强迫自己，也要试着说一些积极的话。

因为最先听到那些积极的话语的人是自己，渐渐地，自己的想法就开始变得积极起来。

比如在工作中，我会这样做：

糟糕的事情

领导训斥我：“权藤，你这样不行啊，为什么要那样去做？”

a. 消极情绪

“不是吧，当时不是你让我这么做的吗？”

b. 强迫自己说积极的话

“实在是抱歉。我会再重新做一遍，一定给您一个满意的结果！怎么做才更好呢？能麻烦您再教我一下吗？”听到自己说的这些坦诚的话语，内心渐渐平静。

而在个人生活中，我是这么做的：

糟糕的事情

妻子责备我：“为什么要把电脑放在这儿啊？很碍事啊！”

a. 消极情绪

“明明你平时也总是到处扔袜子，衣服脱下乱放，电灯打开了一直不关，就这样还好意思说我乱放电脑？！”

b. 强迫自己说积极的话

“我错了，谢谢亲爱的提醒我，我立刻就收拾。”收拾完电脑回来的时候，心情也稍稍变好了。

如上文，我们自己选择的语言会导致不同的结果。

如果发生了一些糟糕的事情，尝试用积极的话语来回应

反面案例

妻子："为什么要把电脑放在这里啊？很碍事啊！"
我："你平时不也总是乱放衣服吗？"

<u>用消极的情绪对待糟糕的事情</u>

⬇

烦恼的原因

正面例子

妻子："为什么要把电脑放在这里啊？很碍事啊！"
我："我错了，谢谢亲爱的提醒我，我立刻就收拾。"

↓

（收拾完电脑回来的时候，心情也稍稍变好了。）

对于糟糕的事情，

<u>强迫自己用积极的话语来回应</u>

⬇

心情渐渐地变好！！

器量越小的人，越想赢对方

Action 首先学会道歉

即便发生了糟糕的事情，也要用积极的话语去回应。这个道理大家都明白，但会有很多人觉得做起来很难。

这是为什么呢？

让我们回到上一个例子。

无论是面对领导，还是妻子，尽管是自己惹他们生气了，但也无法坦诚地道歉。这是因为我们自己本身就对道歉这件事很抗拒。

明明是对方不好，凭什么却要我低头认错，说“不好意思啊！”“对不起啊！”。因为总会这样想，所以才会有很多人觉得很难。

明明是部长不讲道理，要是自己主动道歉，就好像错的不是部长，而是自己一样，总觉得自己很亏。

当妻子指责自己“为什么要把电脑放在这里？很碍事啊！”的时候，你的好胜心突然作祟，恨不得让全世界都知道妻子什么都乱扔，以此来证明妻子才更过分。

正是这些消极负面的想法，导致了我们对人际关系愈发感到疲惫。

人际关系存在的目的，并不是要赢对方。

其实你心里也明白，人与人交往的过程中，开心才是最重要的。

构筑良好的人际关系，其要点就在于，不要总想着赢。就好比释迦牟尼面对骂声不予回应，也不接受。也好比《北风和太阳》故事里所说的：晓之以理胜于命之以令。可能这才是人际关系的本质所在。

我导师的导师，一位女企业家，无论何时何地都满面笑容。

按理说，她是我导师的导师，我跟她见面时肯定会感到特别紧张，但不知道为什么，见到她时我却能像平时一样丝毫不紧张。

最令我惊讶的是，她即便在面对比自己略逊一筹的同行或晚辈时，也经常会向他们表达歉意：“不好意思，是我考虑不周。”

遇到任何事情，她首先想到的是找出自己的问题，而不是去和对方争辩。正因如此，周围的人才会支持她，她才能成功。这样的人身边没有“敌人”，也就是所谓的“无敌”。

大多数情况下，问题发生时先道歉的人，并不代表他是弱者，反而意味着他是一位宽容大度之人。

我立志成为一个像我导师的导师那样的人，无论出现任何问题，都能展现出为人大度的一面，发自内心地致歉，推动大局发展。

让我们回到交流的本质，做一个无论发生什么，都能坦率道歉的成年人吧。

专栏3 不容小觑的人际关系

在不久的将来，许多工作都将由AI（人工智能）来承担。

无条件基本收入制度（这个制度设计要求不论任何人，不论其收入如何，均可定期从政府获取一定金额的生活费用。该制度的目的，是保障所有人都可以过上稳定、有尊严的生活）的推行，使得人们“赚钱”的欲望可能越来越低。

和经济快速增长期不同，现在已经不是那个什么事都能用钱解决的时代了，人们开始享受“幸福快乐”和“共鸣”所带来的满足感。

其实，“想成为一个有钱人”这种想法是和他人比较后产生的，但在大家都很富足、无须比较的环境下，这种想法自然不会产生。

和那些为了将来不断奋斗，只觉得赚钱才是王道的成年人相比，现在的年轻人无法感同身受。他们只觉得“与其赚钱不如及时享乐”，继而憧憬成为那些追求心动、有趣生活的“油管”达人、网红们。

这样一来，资本主义的界限便显现出来了。即便资本主义没有分崩离析，也没法避免接下来的事情：不得不去创造、开拓一个除了金钱之外能够激发人们行动欲望的东西。

这就是来自需要“体验”“共鸣”以及“信任”的经济。

但人工智能无论发展到哪种程度，都无法与他人产生共鸣，无法拥有想象，靠想象力、思考做出决定。这些只有人类才可以做到。

这样一来，金钱将流向有实体的地方。不管线上还是线下，只要拥有一个社团，环境可以进行营业，金钱就会流向这些地方。

这时候愈来愈重要的，便是稳固的人际关系。

Chapter 4 构筑完美人际关系的关键

在前面的章节中，已经向大家介绍了构筑人际关系的技巧。

但是，仅仅学会技巧还不够。掌握技巧的同时，也必须学会掌握正确的思维方式。

接下来，让我们一起来看看在与人交往的过程中，那些我们应该注意的事吧。

交往过程中的三个禁忌

Action

不自傲、不否定、不要高高在上

我在前面跟大家讲过，交流过程中不要多讲话（不如倾听）。更进一步讲，不去触碰以下三点禁忌，会使你在交往中更进一步。

①不自傲

听一堂乏味的课和听一个人吹牛，最让人感到无聊。

我想告诉大家的是，人们更喜欢听的是某人的失败之谈，而不是他吹的“牛皮”。听那些牛皮可能没什么兴趣，但听那些失败的经历就大不相同了。

据说，某个连发热映电影的电影制作公司，其创作故事前先设定好主人公失败的程度（是否经历最落魄的境地），因为从最落魄的境地爬上去的幅度，才是人们最感兴趣的地方。

所以在与人交流的过程中，不讲那些令自己骄傲的光荣事迹，反之讲讲自己一路摸爬滚打的失败经历，更能调节谈话氛围。

②不否定

对方讲话的时候，是不是有时会不自觉地说“不对”“但是”“不过”等词用来否定对方？请记住，这种做法是最容易让人讨厌的。

想想看，你会想跟一个一张口就否定你的人说话吗？肯定会想远离这种人吧。

即便想要否定对方，也要暂且接受对方的观点，然后尝试用提问。千万不要说“不，我是这么想的”，从一开始就去否定对方。

③不去总想着抢占优势

通俗点说就是不要“高高在上”。

总喜欢抢占优势的人，一般有以下几个特征：

- 不服输
- 想要得到他人的认可
- 很胆怯
- 不太会察言观色

感觉怎么样？可以说这些都不是什么优点吧。

真正的成功人士，绝不会这样，他们反而会羞涩地说：“抱歉！”“真不错啊！”“多教教我吧！”这样谦虚的话。

擅长和人打交道的人，除了懂得倾听和发问之外，还很喜欢表达“称赞”“惊讶”“感兴趣”等情绪。

而且，除了这三点之外，我认为还有一点很重要，就是**“越是身边想要珍惜的人，越是要保持恰到好处的距离感”**。

与人交往中，关系越近，就越容易看到对方身上的毛病。

一个人无论多么受欢迎，给人的印象多么好，每天都笑容满面的人，也许在家庭里是个不叠衣服、不会管理起居的人。

在我经营的创业培训机构里，如果有正在交往的情侣打算要同居，我一定会建议他们：“彼此不要急于让对方看到你裸着的状态和穿着内衣的样子。”

因为太过亲近，那种心动的感觉就会消失，恋情自然就淡了。

没有人是完美的。和重要的、不想失去的人交往时，彼此之间保持恰到好处的距离，才会留下美好，这段关系才能越来越长久，也就是所谓的“距离产生美”。

请谨记，人际交往的过程中也存在“社交距离”。

不可以！！

三种失败对话 +α

失败对话 ❶ “自傲” → 比起听一个人吹牛，人们更喜欢听那些失败之谈！

失败对话 ❷ “否定” → 人们一定会逐渐疏远那些总喜欢否定别人的人。

失败对话 ❸ “想要抢占优势” → 真正的成功人士不会高高在上！

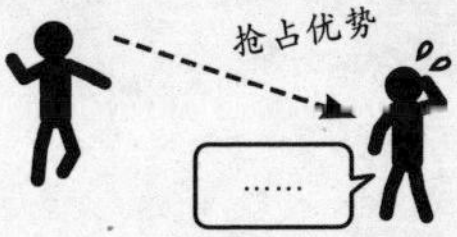

失败对话 +α “没有距离感” → 恰到好处的距离感会美化双方在彼此心中的形象！

学会自我反思的重要性

Action

去展示自己，获取对方的反馈

有一句话是这么说的：“如同钻石只能用钻石来打磨一样，人只有与人接触才能互相锤炼。”

结晶后的钻石，原本只是单纯的碳元素，碳元素的样子可以想象为铅笔芯，但在100千米的地下，经受高温、高压后，碳元素不断结合，形成结晶，才变成了通透、漂亮的钻石。

原本的碳元素，不会像钻石那样闪闪发光。但是在压力之下被打磨光亮，成了自然界中最漂亮、最坚硬的矿石。

可以说，人也是这样。

人通过与他人见面，经受各种压力，才能形成自己的观点（意见与尊严）。

那么，与人见面时所经受的压力到底是什么呢？

大致可以分为两点：**“自我披露”和“反馈”**。

我们本身所具备的能力和这两种压力相结合，使得自己拥有了探索各种未知的潜力。

通过和形形色色的人相遇，我们开始愈发明确自身的核心所在，明白“自己到底是什么样的人”，明白“自己的目的与自身存在的理由”，从而愈加开放、无所顾忌地展露真实的自我，这就是“自我披露”。

当我们完成自我披露以后，就会得到来自他人的反馈。通过他人的反馈，我们便能察觉到一些至今为止自己都没有注意到的问题。

比如，当我们接收到一些比较刻薄的反馈时，就会反思“自己的这句话是不是有些多余了”“是不是我太过着急了”。这些反馈和我们的成长紧密相连，蕴含着那些我们至今为止都没有意识到的问题。

自我披露后得到反馈，通过这种循环，我们自身也得以不断地成长。

正是这样一个不断成长的自己，才能让我们逐渐克服在人际交往中遇到的烦恼。

当你意识到“只有与人交往才能得到磨砺，方能成长”，便无须再去害怕什么，大胆地、积极地去和更多人相见吧。

如何被别人珍重——“情”与“义”

Action

将“谢谢”常挂嘴边，做一个重情重义的人

“谢谢”这两字里，蕴含着格外的魅力，蕴藏着强大的力量。

当听到“谢谢”时，心里觉得非常温暖；当说出“谢谢”后，自己觉得无比幸福。

“谢谢”是构筑良好人际关系的最有力的一句话。

在日语中，“谢谢（ありがとう）”这个词源自于“有難い（难得的，值得感激的）”，意为“少有的”。

就好比只有生病时才会明白身体健康有多难得，我们总是忙于一切，总是忽略“其实拥有就已经很难得了”。

• 拥有健康很难得

• 能吃到饭很难得

• 有朋友在身边很难得

• 工作顺利很难得

与“谢谢”相对的是“应该的”。因此，“谢谢”是用来提醒自己的，提醒自己应该注意到那些并非理所当然、被自己长期忽略的事情。

要建立更好的人际关系，不仅仅要意识到世事并非理所应当，还要做一个重情重义的人。

当一位一直对自己照顾有加的人去世时，我们会流泪难过，这便是“情”。而“义”，则是带着奠仪去参加葬礼。

虽然二者无论哪个都很重要，但如果有时间在家一直哭，不如立刻赶去葬礼现场，这才是所谓的“人情世故”。

对照顾过自己的人、帮助过自己的人、教会过自己道理的人，我们不仅仅应该对其持有“感谢（情）”，更应该用实际行动去报答对方，比如：生前对你有恩

的人，要去参加他的葬礼；光临对方的店，照顾对方的生意等等（义）”。这才是重情重义。

多数人会说，那些照顾过自己的人、帮助过自己的人、教会了我们许多道理的人，大多是本心善良、不求回报的，所以表达一下心情就可以了。

但是，只满足于口头感谢而没有任何实际行动，不去照顾他们的生意，也不去他们店里光顾，这样的人真的太差劲了。

多重情重义一些吧，这样的人会受到大家的尊重和赞许。因为一个懂得表达感谢并付出行动去回报的、重情重义的人，才能够构建更和谐的人际关系。

困境与机遇并存

Action

告诉自己“困境即是机遇”，

激活“应对烦恼的肌纤维”

学习一些商务类书籍或者上过研讨会课程的人，应该经常会听到“困境即是机遇”这样一句话。我有过经历，所以当老师讲“困境即是机遇”的时候，我很理解这句话。

但是，当困境真的出现在我们面前时，我们又是什么反应呢？

和公司有矛盾、合作伙伴拒绝、和恋人分手、客户投诉……这些围绕着人际关系的麻烦事接二连二地向我们涌来。

但一般在这种情况下，很少有人一开始就懂得“困境即是机遇”这个道理，这个时候没有人能够保持心平气和，只会单纯地看到眼前的困境。

而这里重点就在于，如何去度过这个困境。

我每天都进行肌肉锻炼，锻炼肌肉最开始要做的，就是激活肌纤维。

如果在肌纤维没有激活的情况下想锻炼胸大肌，力量就会转移到其他地方，导致胳膊肌肉疼痛，脖子也会疼。

在我练胸肌的时候，我的私人教练会一边数“1（一咚咚）、2（二咚咚）、3（三咚咚）”，一边咚咚地敲打我的胸肌。

他说，这是在告诉肌肉“这里该用力了”。

而这样一来，通过激活肌纤维，胸肌就会开始膨胀，肌肉撕裂，胸肌就变大了。

“肌肉撕裂→努力恢复”

这样，肌肉也就变得更大了。

也就是说，当我们把困境看作困境的时候，最重要的是，一开始就要打破对困境的恐惧。

因为是第一次碰壁，所以没有打破对困境的恐惧很正常。这个时候就需要一位导师来告诉我“这里该用力了”。

一旦“肌纤维被激活”，第二次也许我们就可以意识到 “困境即是机遇”了。

身体不经历变化（或疼痛），是不会变强壮的。经历过骨头生长的疼痛以后我们才会长高；经历过肌肉痛以后肌肉才会健壮；经历过心理疼痛，我们面对困境的“肌纤维”才会越来越“粗”。

所以，学会享受痛苦吧。做到这一点，才能够从人际关系的烦恼中解脱。

但遗憾的是，仅仅去学习，肌纤维无法激活，心脏肌肉也不会断裂。

只有行动才是有用的，行动后我们的心灵才会变得强大，就像肌肉撕裂后才会变大一样。那么行动起来吧！

一位企业家富有力量的约定

Action

要坚守约定

我的导师曾邀请过一位非常有名望的企业家作为嘉宾出席活动。那位嘉宾可以说是业界里面的巨星了，仅仅能在一旁听他讲话都是件非常难得的事情。然而我们却奇迹般地约到了这样一位大人物，并请他作为嘉宾做一次演讲。

但那时，我知道了一件事——他得了癌症并已到晚期了。

当时我的导师知道了这件事之后，觉得“他应该不能来参加，身体状态不好，还是算了吧”，便打算放弃了。

然而活动当天，那位嘉宾还是来到了活动现场。

他喘着粗气，蹒跚着来到会场，进了休息室便倒在椅子上，看状态不可能进行演讲。

但是，他完成了演讲。

整个演讲过程非常完美，根本感受不到他的身体状况很差。

演讲结束后，他回到休息室，倒在座椅上，一脸疲惫。

我的导师郑重地向他道谢：“您今天身体不适，还坚持到访，实在非常非常感谢您！说实话，我真的没想到您还能来，真的太感动了！”

他听了道谢，用尽力气说了句话：**“因为我们已经约好了。”**

听到这句话的时候，我的内心被撼动了。

所谓“约定”，就是承诺。承诺就是搭上性命也要完成的事情。

虽然我知道这句话，但自从听到他说出来之后，我才真正体会到“承诺”这个词语的分量。

你曾经和重要的人许下了什么样的约定呢？

无论情况发生了什么样的变化，你都遵守那份约定了吗？

即便遇到什么意外，也拼了命地努力去实现诺言了吗？

约定是富有力量的。

毋庸置疑，这位企业家一定拥有着非常完美的人际关系。

为了构筑一段更和谐的人际关系，做一个信守诺言的人吧！

如何从无效的工作中解脱出来

Action

学会活用“为什么？”“大概是”“真的吗？”

我们都有过别人来向自己求助的经历吧。

经常有人和我说“明明我已经很努力了，但总是没有结果”（其实没有结果，说到底还是因为不够努力）。

对于这些人，我经常告诉他们的一点就是：“是不是搞错优先顺序了呢？”

我认为，搞错优先顺序，也就意味着在没有意义的事情上浪费了许多时间。

人在日常生活中，会因为无效的工作（个人看法），浪费许多时间。

比如，当你对一天工作 8 小时的人说：“你可以花 7 个小时完成现在的工作吗？”他可能还是不会注意到那些无效的工作。但是你问他：“如果让你用两个小时完成同样的工作，你会怎么办呢？”他就会意识到自己需要从根本上来改变工作方法，也就会开始注意到那些无效的工作了。

- 早会不需要开
- 报价单不亲自做也行
- 上班路上的时间也浪费了
- 如果不上班，就可以省去应对突然打来的电话或和上司闲聊的时间
- 可以在线开会，不用面对面

这样我们就会发现以前自认为“不得不去做”的事，其实不做也可以。这些事情在公司这种封闭环境里很难察觉到。

许多人在向公司外部专家（顾问）咨询，或者是和在别的公司、行业工作的朋友聊天，和配偶或子女交谈

的时候，突然就想到了解决方法。

有句话说："一个人一天里思考的就是他自己。"那么一天 24 个小时里，你会去思考哪些事情呢？

那些事情的先后顺序决定了你是否能成功。

当有人找你商量时，你可以送他几个词，帮助他们从无效的工作中解脱出来。

这几个词是"为什么？""大概是""真的吗？"。

"我喜欢他，可是他并不在意我。"

"**为什么**想让他在意你呢？"

"我付出了很多努力，但却没有结果。"

"**大概是**，你把先后顺序搞错了吧？"

"明明我都已经按您说的去做了，但每次还是会失败。"

“你真的都按照我所说的去做了吗？”

这么一来，为了从根本上剔除那些无效的工作，他们会努力拓宽自己的视野，开始去向公司以外的人或者身边的人咨询，解决问题也就变得简单多了。

从那些无效的工作中解脱出来吧。

用“为什么”“大概是”“真的吗”，从无效的工作中解脱出来吧

“为什么？”

“大概是”

“真的吗？”

之前自认为不能解决的问题原来这么简单！

线上交流与传统交流

Action

省略无用功，重视传统的部分

在如今这个时代，公司基本都开始使用社交软件了。

在使用这些聊天工具时，重要的是：

不要在聊天时散发负面言论。

因为网上交谈没法看到对方的表情，文章也短小难懂，很难揣摩对方意见背后的价值观。

这样一来，便容易觉得对方的话十分强硬，甚至刻薄，情感上的冲突也就随之而来。

如果意见不合的对话超过四个来回的话，就立刻停止吧，约个时间改天直接面谈会更有效率。

“由意见对立而产生的对话”，更有效、更重要。但是，如果是聊天，人不能充分地利用自身最具价值的“五感”，这种情况下，充分发挥“五感”功能的面对面交谈，才能传情达意。

著名的“梅拉宾法则”表明，在人接受影响的比例中，语言信息占 7%，听觉信息占 38%，视觉信息占 55%，人们对信息的反应 93% 来自语言之外。

也就是说，当双方意见对立时，如果使用聊天工具讨论，将无法使用视觉和听觉，其结果就是无法完成有效的交流。

通过“五感”交流，损失就会降到最低。

要构筑良好有效的人际关系，仍然要利用一些传统的方法。比如创造一起吃饭的机会，或者是下班后一起喝酒的机会。

人和遵循程序运作的机器不同，各种研究结果都表明，相比机械的工作，多一点闲谈，和自己的同事之外的人多一点交流，人的工作效率才会更高。

闲谈和沟通能提高工作效率，是因为信息的流通性

提高了。

闲谈也是一种放松，可以让人重新振作起来。因此，工作效率越高的人，越是重视和同事们的交流。看起来没用的事情实际上意义非常大。

重视这些传统的沟通方式，坚持到底，奋力拼搏吧！

专栏 4 今后最重要的就是“团队建设”

导师跟我讲过，“先建好团队再工作，重要的事要放在首位”。

在餐饮店开店之前，我先组建了团队，因此开业之初没有负债经营，店里座无虚席，每天都需要预约。

建立团队和“揽客”多少有些不同。

揽客会被各种因素影响，经常会有“雨天不来客”的情况。

而团队建设有时要靠人情世故，“反正要在外面吃 1000 日元的饭，那就去权藤先生的店里吃吧”。他们会主动来店里，于是这个小团体就成了我店里的常客。

比起城市，乡下的团体色彩更根深蒂固。关于常客，这里我向大家分享一下。

在石川县，我有个叫A的朋友，他一直种植有机蔬菜并进行销售。A先生有一天接到一个来自东京的电话，当时正值东日本大地震复兴的时期。

听说那位打电话的东京人之前买过福岛县自然栽培的蔬菜。

“福岛变成了那个样子，那里的东西不能买了，所以把你家的菜卖给我，我出双倍的价钱！”

A先生非常生气，反问道：“你是谁啊？怎么那么趾高气扬？！”

也许你认为A先生当时会这样想：

“蔬菜价格暴跌的时候，竟然有客人来照顾我的生意，买我的菜，当然要优先卖给他们了。”

但是，A 先生回答道：“还双倍，就是 10 倍我也不卖给你。”说完便把电话挂了。

交往中强烈的共鸣源于彼此的尊重。

一个优秀团体的形成，需要团队成员爱岗敬业，并有“团队即自己，自己即团队”的意识。

如果是渔民，就是“大海就是我，我就是大海”；如果是农夫就是“田地就是我，我就是田地”。这种意识和公司组织不同，不会有“这部分就是我的责任，那部分开始就是你的责任”这样划分责任的方式，而是所有人都会认为“团队就是我”，然后在此基础上分工合作。

接下来我要讲的是一个非洲的某个小村落的故事。

据说在这个村子里，有个孩子每天都去河里挑水回来分给大家喝，孩子的父亲每天早上都会烤像面包一样的东西分给村民们吃。

有个日本人来到这个村子，村民问他：“你是负责什么的呢？”

那个日本人没答上来。

在团队里，知道自己是什么角色很重要。

每个人都发挥自己的长处，使整个团队赢得胜利，才是团队建设的关键。

当然，团队建设并非易事。无论信任积累了多久，都可能会在一瞬间崩塌。而建立在信任基础上的团体，每个人都不能有丝毫松懈，必须不断约束自己。

勇敢地与人交往，经历失败，悉心接受他人反馈，朝着胜利不断前进。我们要做这样的人，这样大家才会追随你。

通过自我成长获得成功，去玩味成功路上的点点滴滴，这正是团队建设的精髓所在。

有人告诉过我："首先建立一个大家都容易参与进来的组织，然后再用技术去支撑。"

首先，要建立团队，之后与技术融合。我们需要这样的社会。

毋庸置疑，团队建设才是未来时代中构筑人际关系和更新商业模式的关键所在。

不善言辞的人通过沟通建立起信赖关系之后，

我们要抛弃“无用的想法”。在最后一章里，我们将探讨一下，要构建更完美的人际关系，我们应该抛弃什么。

Chapter 5

构筑完美人际关系需要避开的陷阱

不善言辞的人，通过沟通建立信任关系后，还要抛弃一些不必要的想法。在最后一章里，我们将探讨哪些是我们应该抛弃的不必要的想法。

停止说谎

Action

真诚待人，人际关系将变得更轻松

在人际关系方面，撒谎，只会徒增你的烦恼，耗费你的精力。

仅仅说了一个小小的谎言，心里也会纠结，还会有罪恶感。而为了圆这个谎，又会撒更多的谎……就这样开始陷入恶性循环，不断在毫无意义的事情上耗费精力。

当你不再说谎的时候，悬着的心也就放下了，可以随时保持着精神饱满、心平气和，对自己的言行也会变得有自信。

时刻告诫自己不对别人说谎，也不能对自己说谎，这样就绝对不会后悔，不会带给自己压力，也不会白费时间，从而尽快达到自己的目标。

犯错的时候不要太固执，认个错道个歉，接受自己的失败。

我们其实可以更真实些，有什么不懂的就大胆地去问。

不懂装懂，或者耍花招，只会导致出现分歧，对彼此也没有任何好处。

为什么“推辞”是明智的选择

Action

判断“重要应酬”和“可以婉拒的应酬”

学会推辞，人际关系也会变好。

说得极端点，推辞可以称为明智的行动。

当你听到“推辞”，可能会有一些不好的印象，而我想说的“推辞”，是指处理好事情的先后顺序。

推辞非常重要，成功人士都很擅长推辞。

据统计，世界级足球巨星梅西，在 90 分钟的比赛时间里，有 80% 的时间都在走，10% 的时间在慢跑，而全力奔跑的时间只占 5%。

不需要时常全力以赴，而在关键时刻做好工作，这才是能手!

在球场上，他总是很放松，无论多么重要的比赛，都感受不到他有压力，就像在自家院子里玩耍一样，在草坪上行走。

这样可以保持实力，不觉得非常明智吗?

千万不要误会，这并不是说让我们单纯按自己的喜好去做就行了。我们需要掌握一种能力，那就是区分哪些事情我们必须要做，而哪些事情我们不做也可以。

这些善于推辞的聪明人有一个共同的特征，那就是“工作的时候不关注部分而是着眼全局”。

他们虽然专注做眼前的事，但也会时常回到原点，判断现在做的事情是否有效，对全局会有什么影响。渐渐省去不必要的步骤，找到最有效的方法。

相反，不擅长推辞、不明智的人，无论做什么都全力以赴，视野也变得狭窄，不久身体就会状况百出，甚至生病或者受伤。

人际关系也是一样的道理。

学会巧妙地推辞，即学会冷静地去判断哪些“绝对不可错过”，哪些“放一下也可以”。

这件事……
“可以推辞还是不可以推辞？”

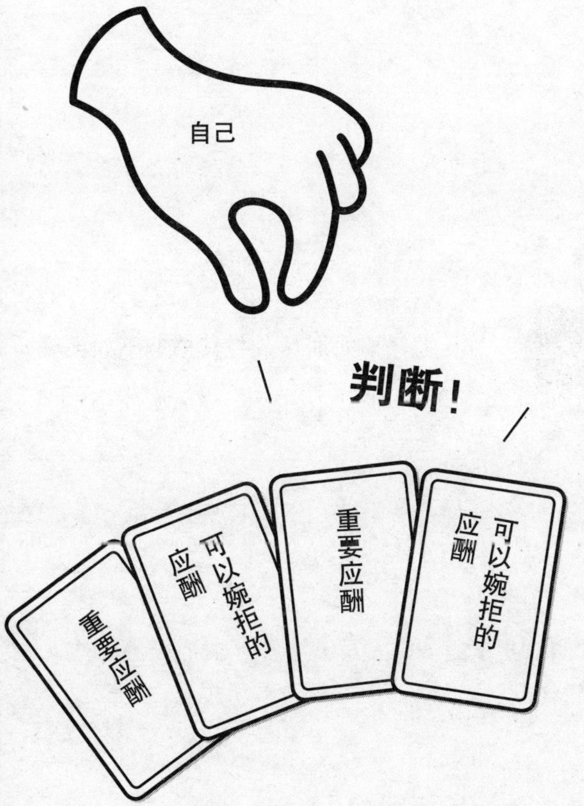

与其生气，不如夸奖

Action

与其生气不如训斥，与其愤怒不如褒奖

生气这一行为本身没有好处。

血往上涌，血压升高，会分泌一种叫作皮质醇的压力荷尔蒙，寿命也会缩短。当然，生气也会对人际关系产生不良影响。

生气是没有自信和力不从心的表现。

无法控制自己的愤怒任其发泄，等于告诉别人自己很幼稚，这是可耻的行为。

人被愤怒的情绪支配，判断力就会变得迟钝，出现致命错误的概率也会提高。并且生气这件事只是在白白消耗自己的体力和精力。

母亲对孩子发怒的行为叫“训斥”。

生气，是无法控制自己的情绪，单纯地迁怒于人的行为；而“训斥”，则是为了引导他人今后朝着更好的方向发展。

生气是感情用事，训斥则饱含感情，是育人不可或缺的环节。

而比这更重要的，就是夸奖。

经常训斥一个人“你这样不行”的话，他自身也就会变成那样的人；如果被人夸“你真的很棒！”，自然也会像被夸奖的那样一路成长。人的行为会受他人的言语所左右。

这样一来，对一个人充满期望地夸奖“你真的很棒！”对他的成长更有帮助。

某位教师进行了一个被称作“皮格马利翁效应”的实验，发现“被人抱有期待的学生”与“不被人抱有期待的学生”，成绩有明显的差异。

不是因为有值得夸奖的地方才去夸奖，即便没有可以夸奖的地方，也去寻找值得称赞的地方，这样才能使一个人不断成长。

抛弃“生气”吧！

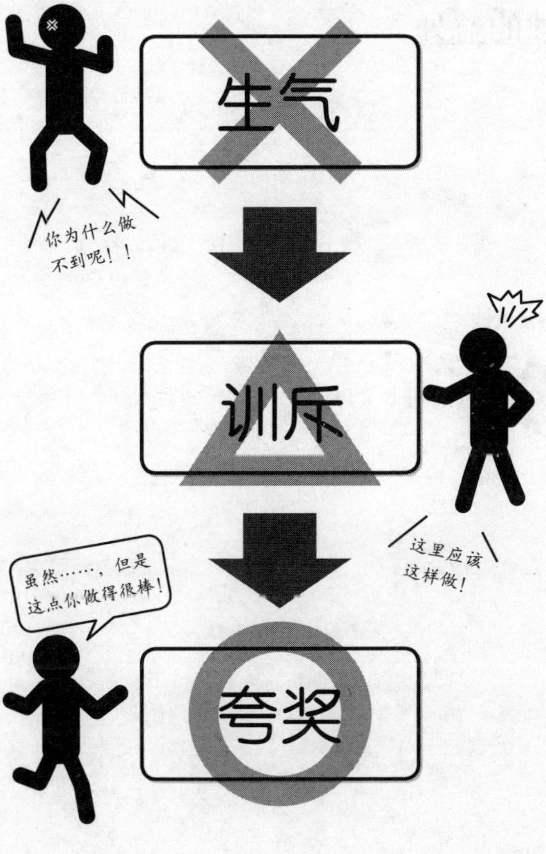

Action

创造独处的时间

如果你不擅长处理人际关系，常常因此感到疲惫的话，可以试着缩小自己的交际范围。

那些不烦恼的人，一般都会创造独处的时间。而觉得孤独的人，往往会因为人际关系而焦虑。

和他人共事需要耗费很多精力，也因此会产生压力。确认彼此的日程，要赶到约定地点，再加上对方可能会迟到或者爽约，见面时间内会耽误做自己想做的事，这些压力数不胜数。

跟人见面时，当然不能满不在乎地挖鼻子、放屁。限制太多，因此这种小压力也越积越多。

相反，那些善于自己相处的人，内心往往比较平和。

一项有趣的研究结果显示：理智的人，和别人见面的时间越长，他们的幸福感就下降得越快。

对于这点，我非常理解。

如果你想着“现在我想做自己该做的事”，结果对方说个不停，你自然会有压力。

独处的好处之一就是，用来探索自己的时间增加了。独处时，不会受到任何人的打扰，因此可以集中精力磨炼自己。当然我的意思绝对不是说和他人见面这件事毫无意义。与其和消极或易怒的人见面，还不如把时间投资给自己。

学会享受孤独，把时间花在自己身上，而不是他人身上。

缩小交际范围

被人际关系所左右

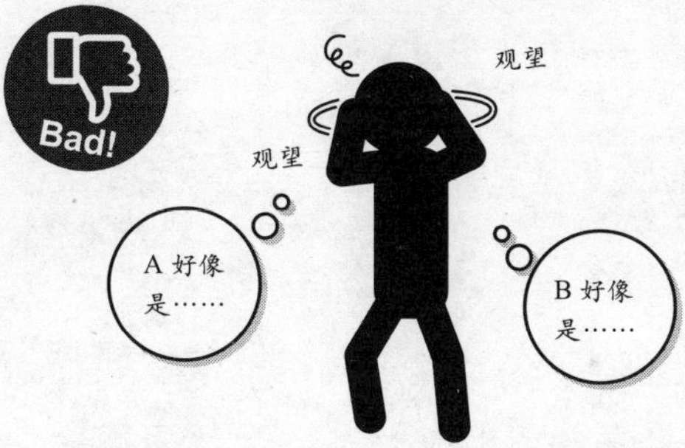

享受孤独，探索自我

Action

迅速做出自我决断

前篇进行了各种赘述，在此作一结尾。

本书所谈论的“不善言谈也能和他人沟通顺畅”这一话题为何如此重要?

那是因为，明白了这一切能让我们成为一位优先考虑对方的人。

倾听对方讲话也是如此。

- 重复对方的话
- 用简短的词语聊天
- 选择易理解的语言
- 改变自己的用词
- 讲事实
- 用数字说话

这一切都是为了对方考虑。

所谓人际交往，因为有对方的存在，才会发生预想之外的事情。

任何人都在追逐理想，但所有事情并不会像想象的那样顺遂心愿。

但是，无论发生任何事，在任何场合，不考虑自己而优先考虑对方，才是人生的成功法则。

作为一个营销员也是如此。

与考虑能否卖出自己的商品相比，更重要的是，能否优先考虑对方，协助对方公司得到有力的发展，或者说，能否为对方提供一个有效的建议。

首先成为一名咨询顾问，赢得老主顾的信任，最终使他们对商品产生兴趣。尽管当时没达成协议，但可以再谈，总有一天他们会对自己公司的商品感兴趣。

有人说自己不适合做营销，其实我最讨厌的就是以适合或不适合为由放弃的人。

有很多名人都写过“要把自己喜欢做的事情当成工作”，他们大都是天才。而天才在各方面大都会很出众，所以只要做些喜欢的事情，这些事情自然就是他们的工作。

但如果你跟我一样是一个普通人，要是对那些喜欢的事情、感兴趣的事情不坚持去做的话，就一定不会有收获。

最后，最重要的一件事，**那就是，你最能被自己所说的话感动。**

如果你自己都觉得你说的话很无聊，又如何将你的心意传递给对方呢？

你的每一句话都是有价值的。

正因为你能被自己所说的话打动，对方才会在听完之后做出“好，那就这么办吧”这样的决定。这才是最好的人际交往。

为了解决人际关系的烦恼，该说些什么，不该说些什么，通过本书，大家多少有所了解了吧。

我衷心地祝福你，拥有“不多说话”这一最强大的能力，今后的人生会更加精彩。

后记

谨此感谢读者赏阅全书。

大家读完本书以后，有什么样的感受呢？

在人际交往的过程中，比起倾诉，更重要的是倾听、提问和保持沉默。如果能稍许明白我所说的这一点，那真是幸事。

我意识到的只有一件事，那就是时常以对方为中心。

我在书中也有过赘述，只讲一些自己感兴趣的或让自己可以满足的事情，不能称作人际交往。

这样做，只能说是单向的会话，绝不会使对方产生共鸣并为之付诸行动或是判断。而对于这样的人，大家定会与他渐行渐远。

我举个例子，也许你马上就能明白。

在营销领域，一个营销员如果一味拼命地讲述自己公司的事情，是无法抓住客户心理的。

创业领域也是一样，一个中年男子想说服别人投资，却一个劲地讲自己的事，这样任何人都不会感兴趣的。

恋爱也是如此。只考虑自己的人，无论是在交流，还是保护家人，甚至性行为方面都是很拙劣的。

如果无法给对方带来价值，人们是不会为之所动的。

请谨记这一点。

每个人的大部分精力，都花在渴望自己能被理解、被夸赞和被认可上。

因此，在与他人交流的过程中，我们与其去倾诉，不如多“嗯嗯”地笑着回应，多去夸赞对方。这一点十分重要。

在SNS（社交网站）上，朋友们要是上传了珍珠奶茶的照片，不管你是否喜欢喝奶茶，都去评论一句“哇！看起来好好喝！”。

朋友要是上传了去夏威夷旅游的照片，不要说一些“我也去了，挺不错的对吧？那儿也还可以吧！”之类炫耀自己的话，毕竟这不是你该要强的时候。

即便说完自己舒心了，也没有任何意义。

不过，有时你以对方为中心去交流，即便你点赞、评论，也有可能得不到任何反馈。因为那时对方在继续讲他想说的话题，问他想了解的事情。

的确，要求回报会很痛苦。

尽管如此，不要太在意对方的回应，默默地做好自己该做的事情就可以了。

我在自己开办的创业辅导班的研讨会上重复讲同一个故事的时候，也尽可能加入一些“新鲜枝叶”。

这样一来，既有人会觉得“又在讲同一件事啊！”，也有人会觉得“原来是这样啊！明白了！”。

就是这样，我思前想后还是决定去讲同一个故事。因为当对方换一个角度去聆听、去理解的时候，突然间就会明白故事中所要表达的真正含义。

我自己也是如此。

“今天导师讲的故事，真是有许多感触，学到了很多知识！”

“谢谢你的聆听。其实我今天所讲的和平时讲的是一个故事，只是因为权藤你成长了，达到了更高的水平，能够用更深层次的视角来思考罢了。”

就是这么一回事。

请学会忍耐，学会以对方为中心！

这就是我，一个沉默寡言的人，却能够在营销界位居第二、开辟多项事业的原因。

读完这本书之后，找回那个“你”，能自己做出决断的你，也就可以从日日不顺心的生活中“毕业”了。

不善言辞，也能受人青睐，其实任何人都可以做得到。

希望你通过本书掌握人际交往的精髓，获得顺利搭建人际关系的启示。我为你日后的精彩人生加油！

唯有实践，让我们加油吧！

还有最后一问：

“你是否还想在交流中多说话呢？”

作者简介

权藤优希

现任 C-Management 股份有限公司董事长，在东京经营着餐厅、有机农产品店，还负责场地租赁等。大学毕业后，他入职日本电气股份有限公司（NEC），作为新人在最短时间内拿下大宗订单，备受瞩目。之后在 NEC, 他还获得了各种荣誉。工作第四年，离职创业。之后，他运用在 NEC 工作时的诀窍，在营销领域，短短半年时间就拿下了业界第二的好成绩。此外他还举办讲座，开展商业培训，传授个人经验，非常受欢迎，特别是在二三十岁年轻人中反响强烈。他每月都会举办 4~5 次 300 人规模的讲座。

最近，他创办的网上沙龙也广受好评。另著有《自己的事自己做主》《内心强大的人所使用的简单法则》。